© COPYRIGHT _ 2023 _ KATE HERM. ALL RIGHT RESERVED.

NO PART OF THIS PUBLICATION MAY BE REPRODUCED, DISTRIBUTED, OR TRANSMITTED IN ANY FORM OR BY ANY MEANS, INCLUDING PHOTOCOPYING, WITHOUT THE AUTHOR'S PRIOR WRITTEN PERMISSION (KATEHERM8@GMAIL.COM)

THIS BIG TRACING MONSTER WORKBOOK BELONGS TO

_____

  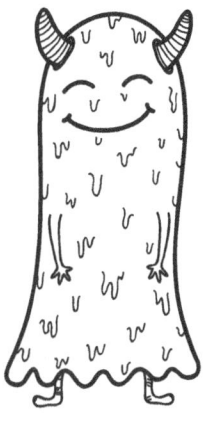

Tracing Shapes

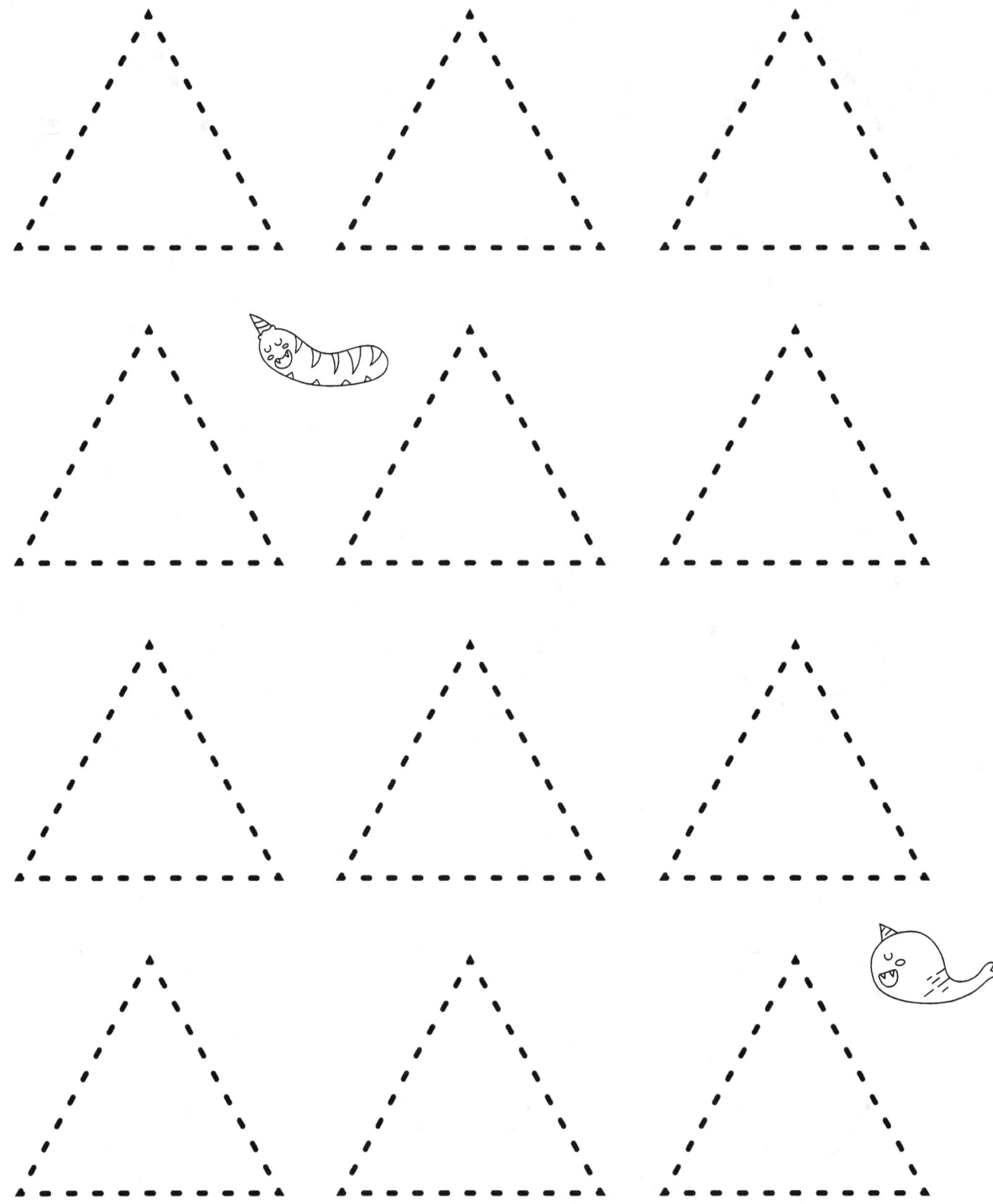

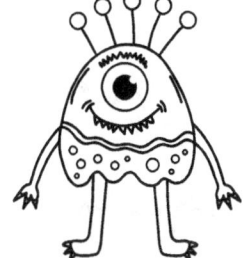

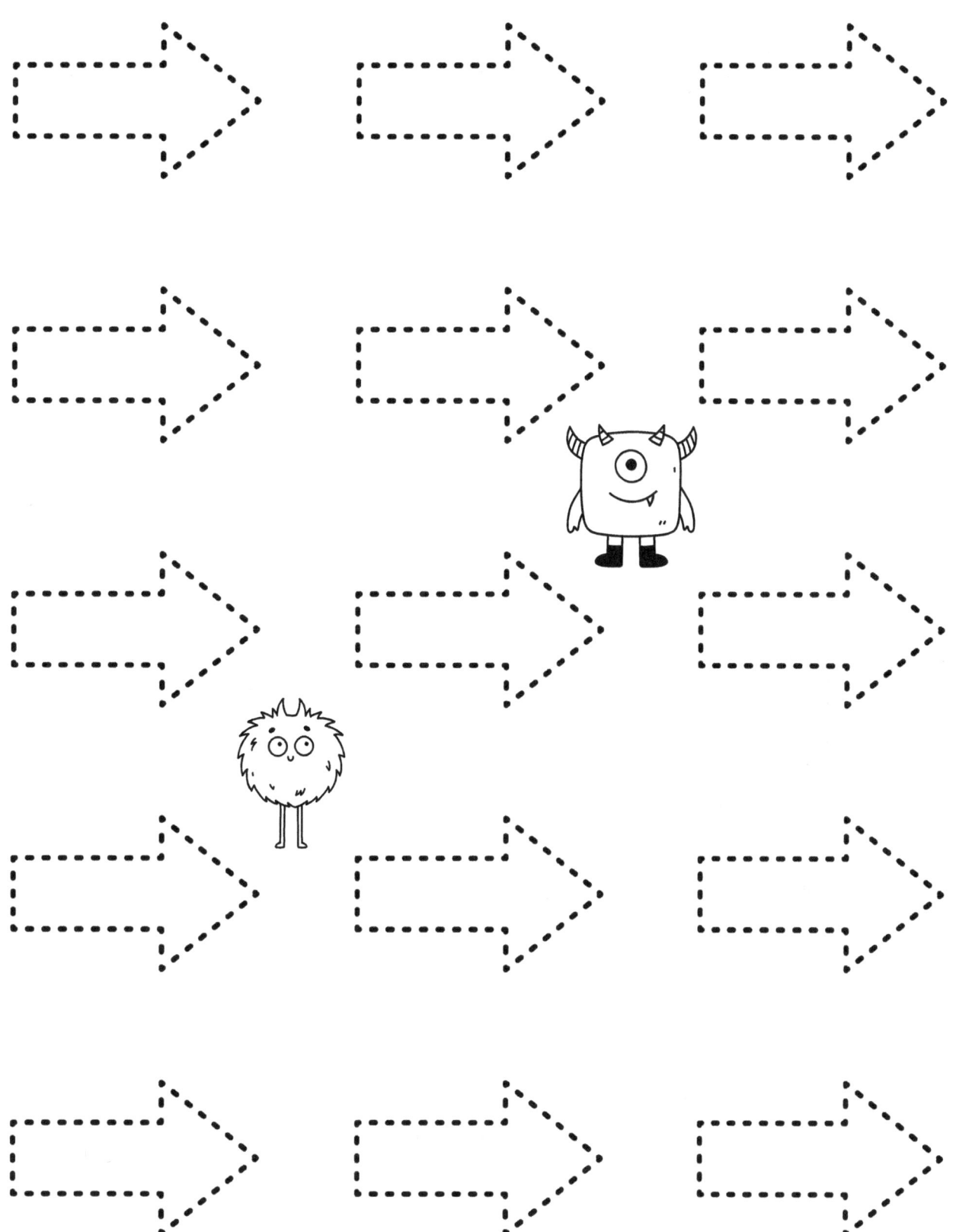

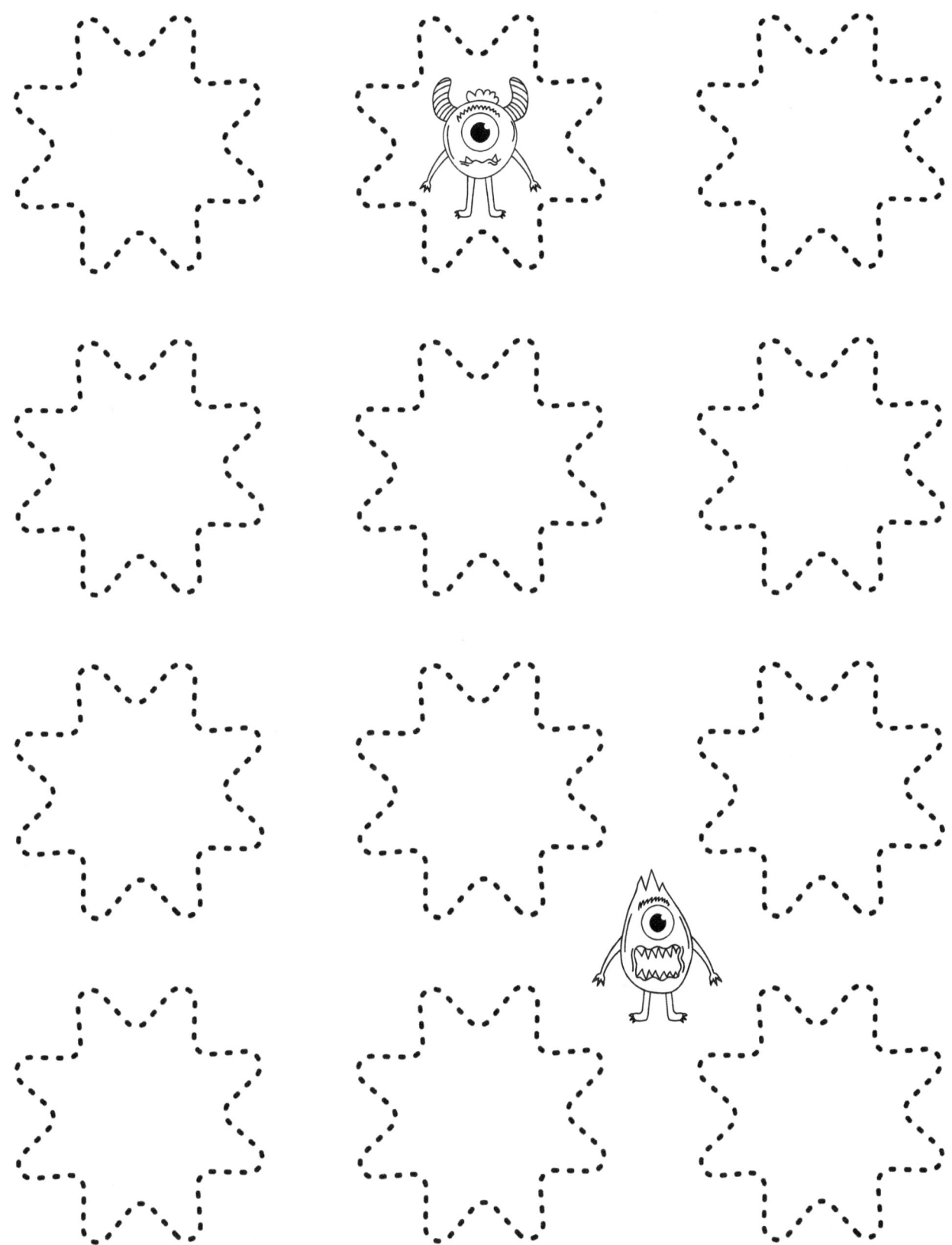

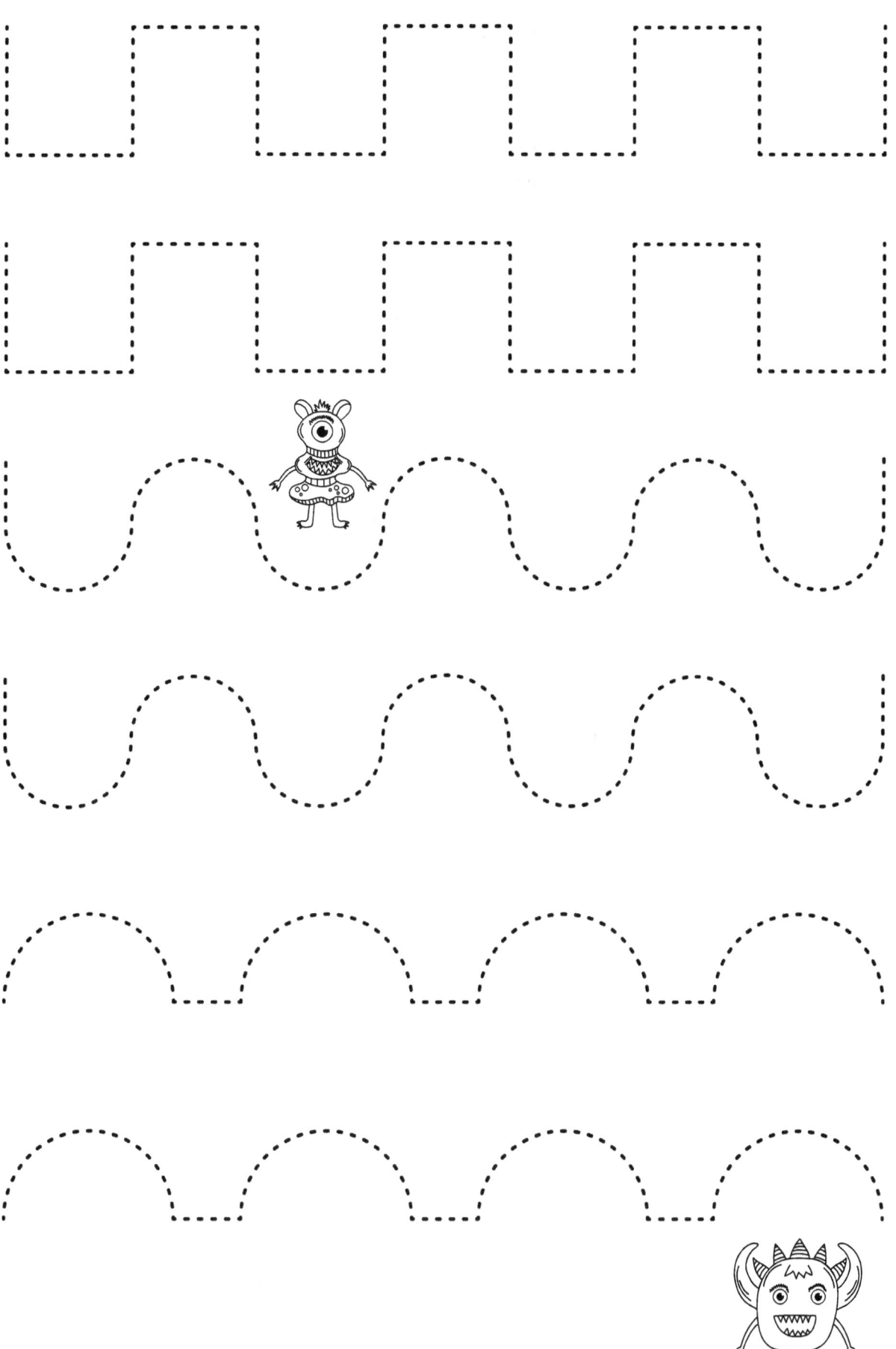

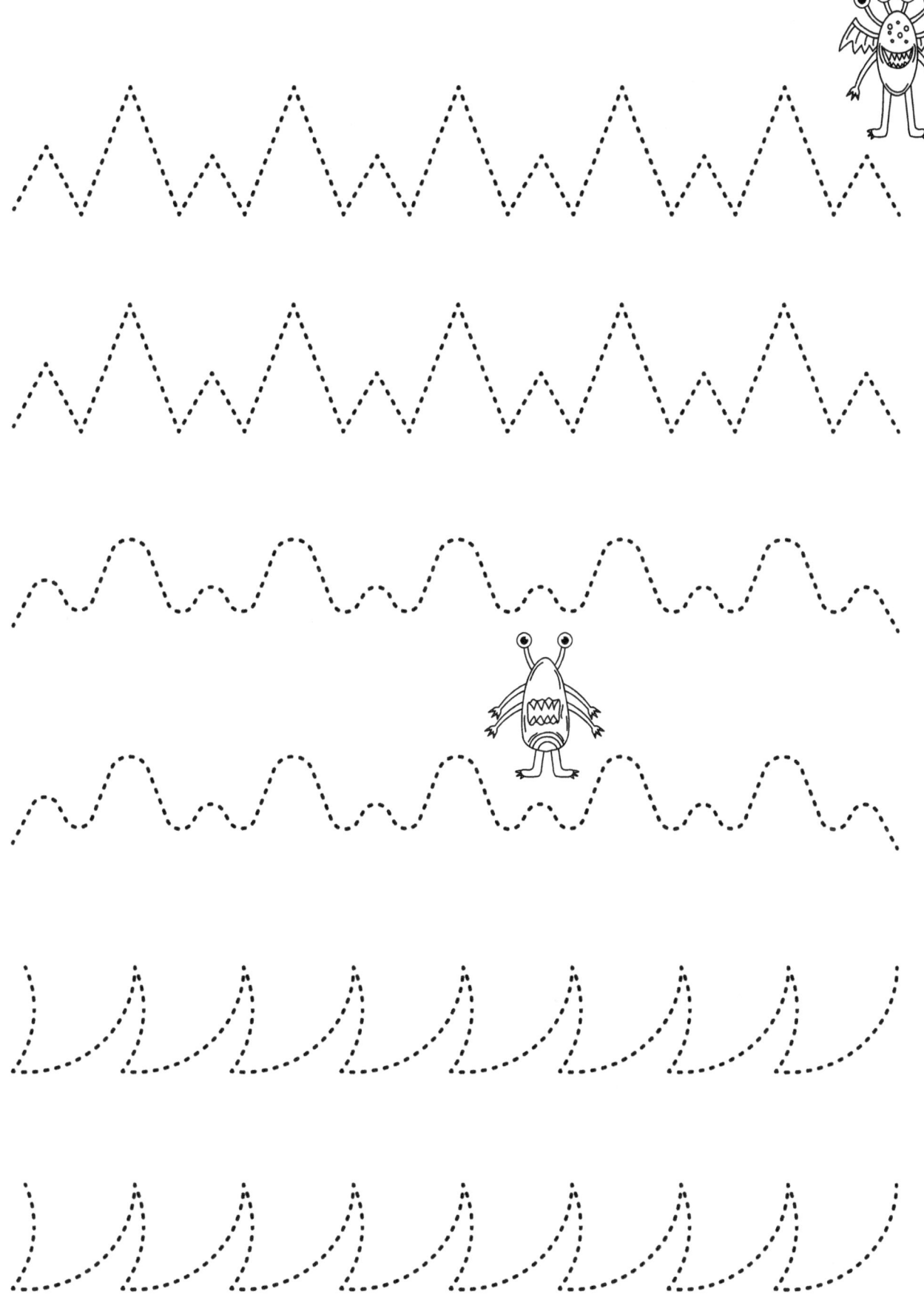

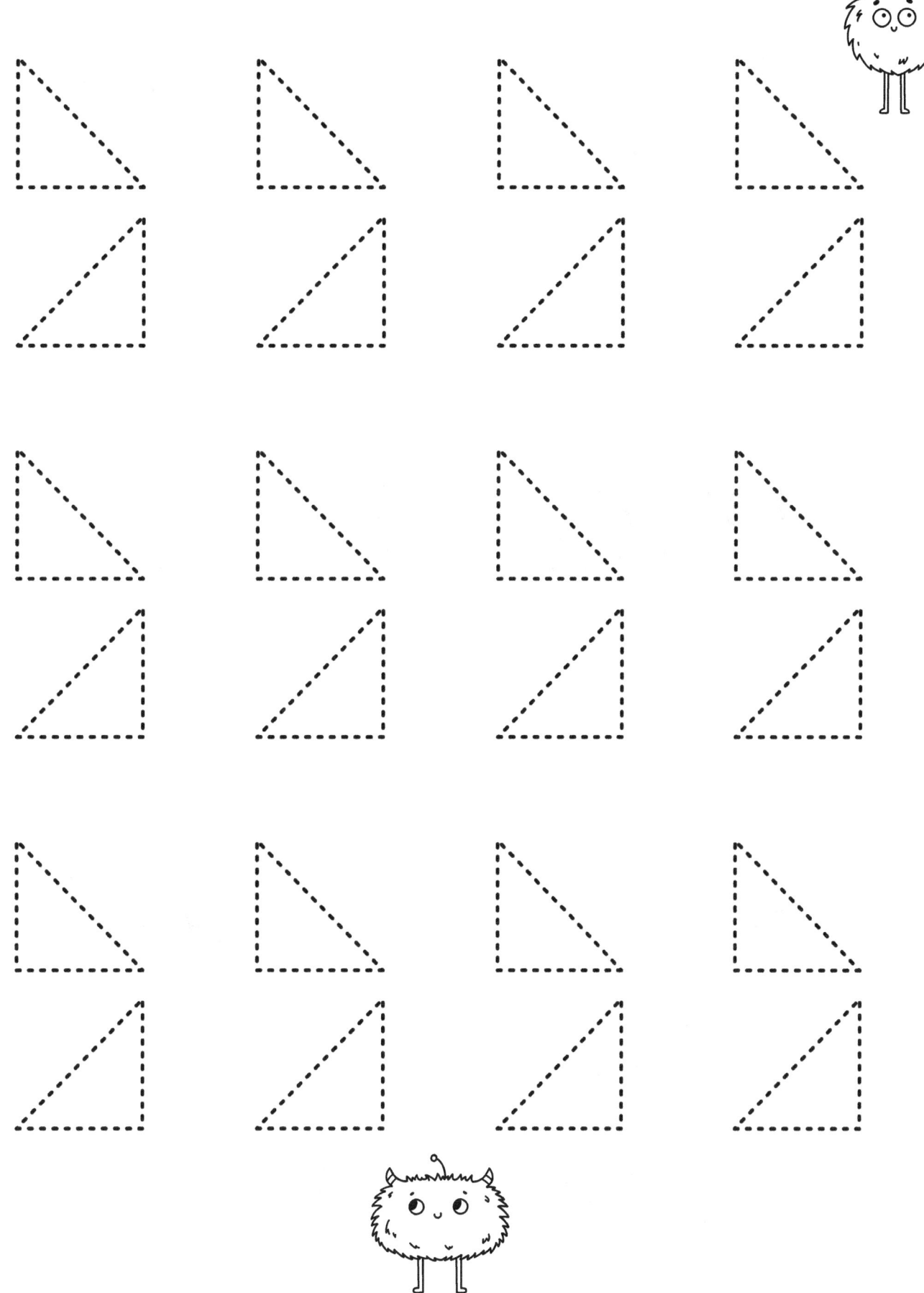

Tracing Letters

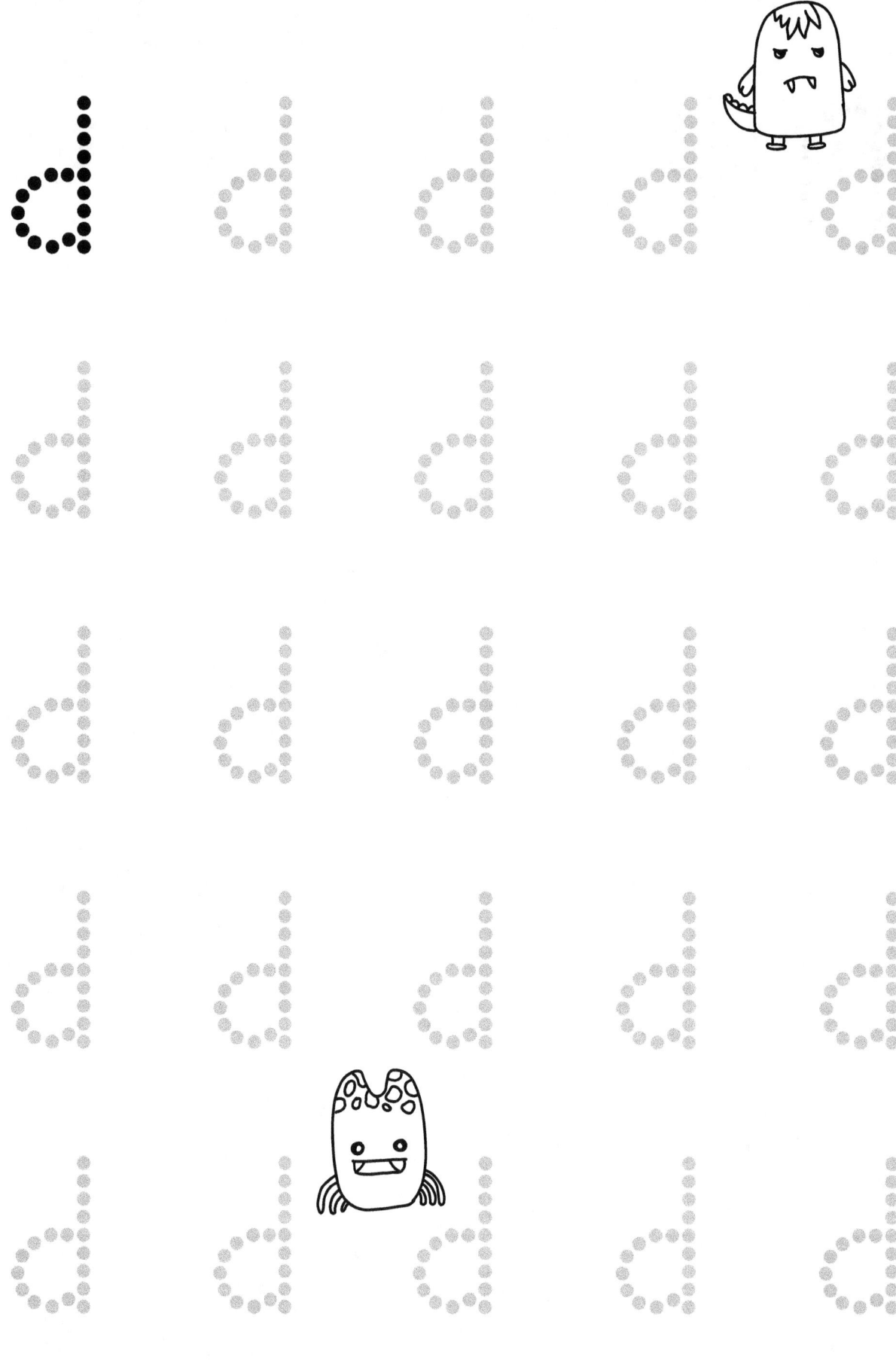

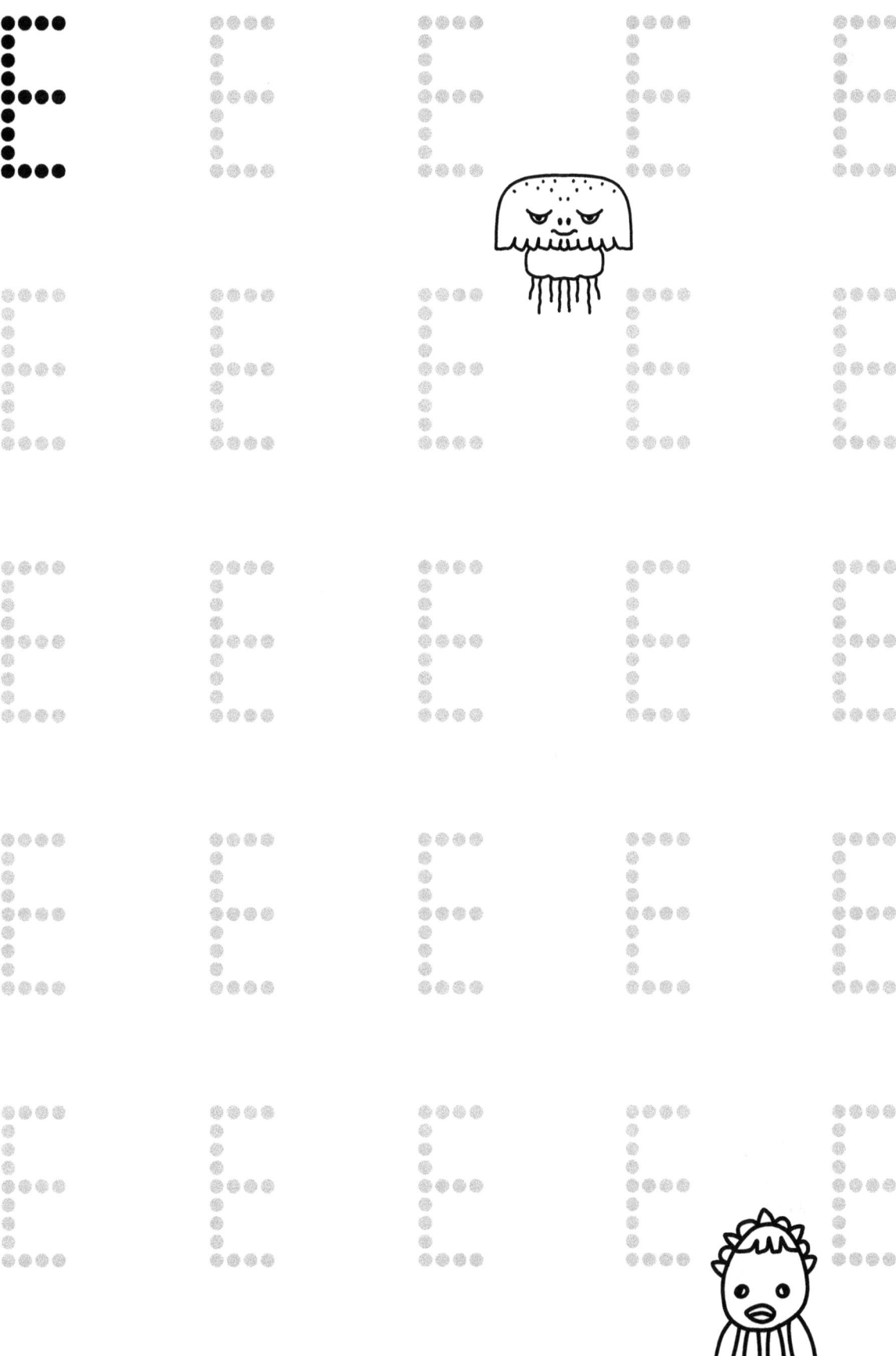

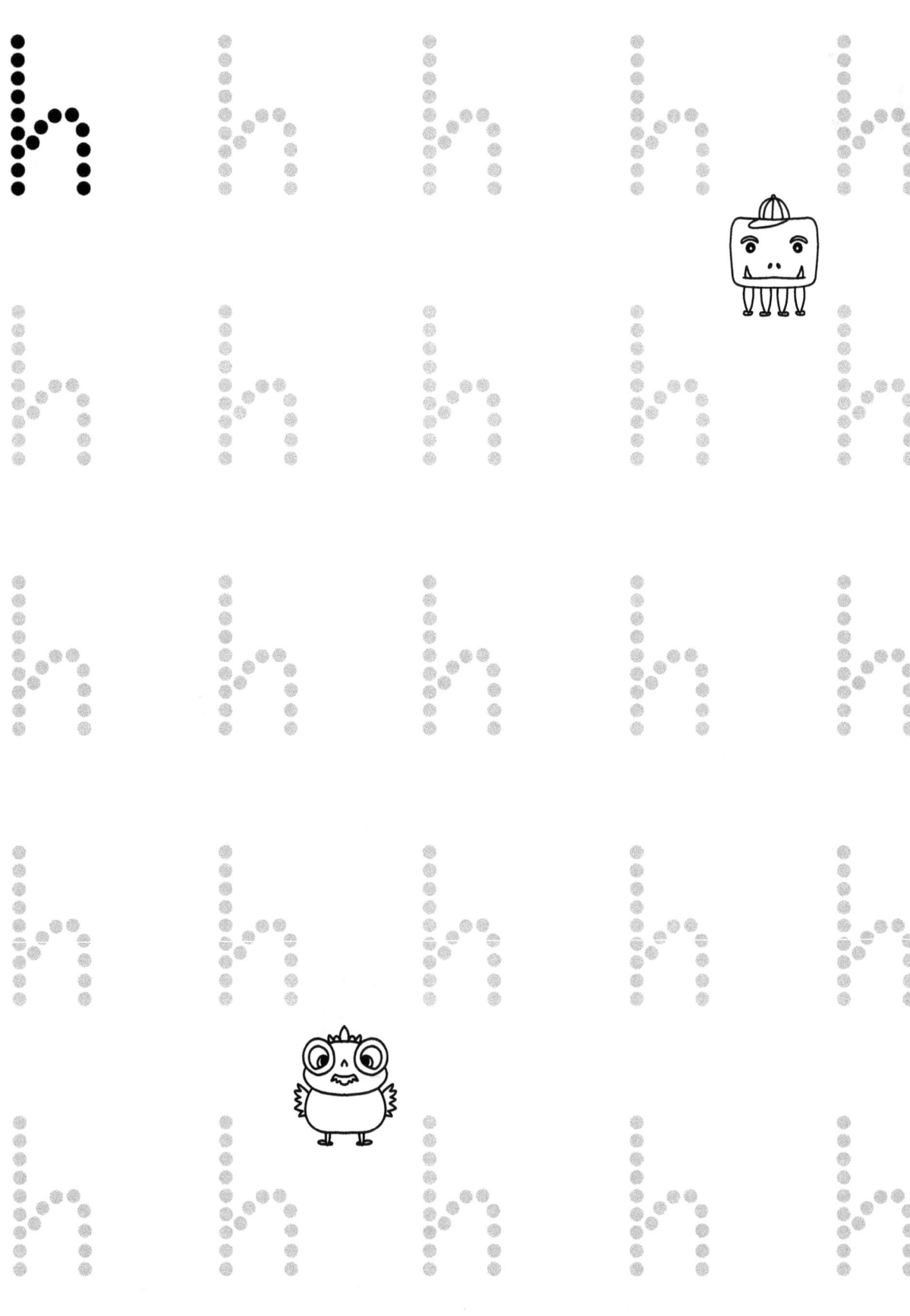

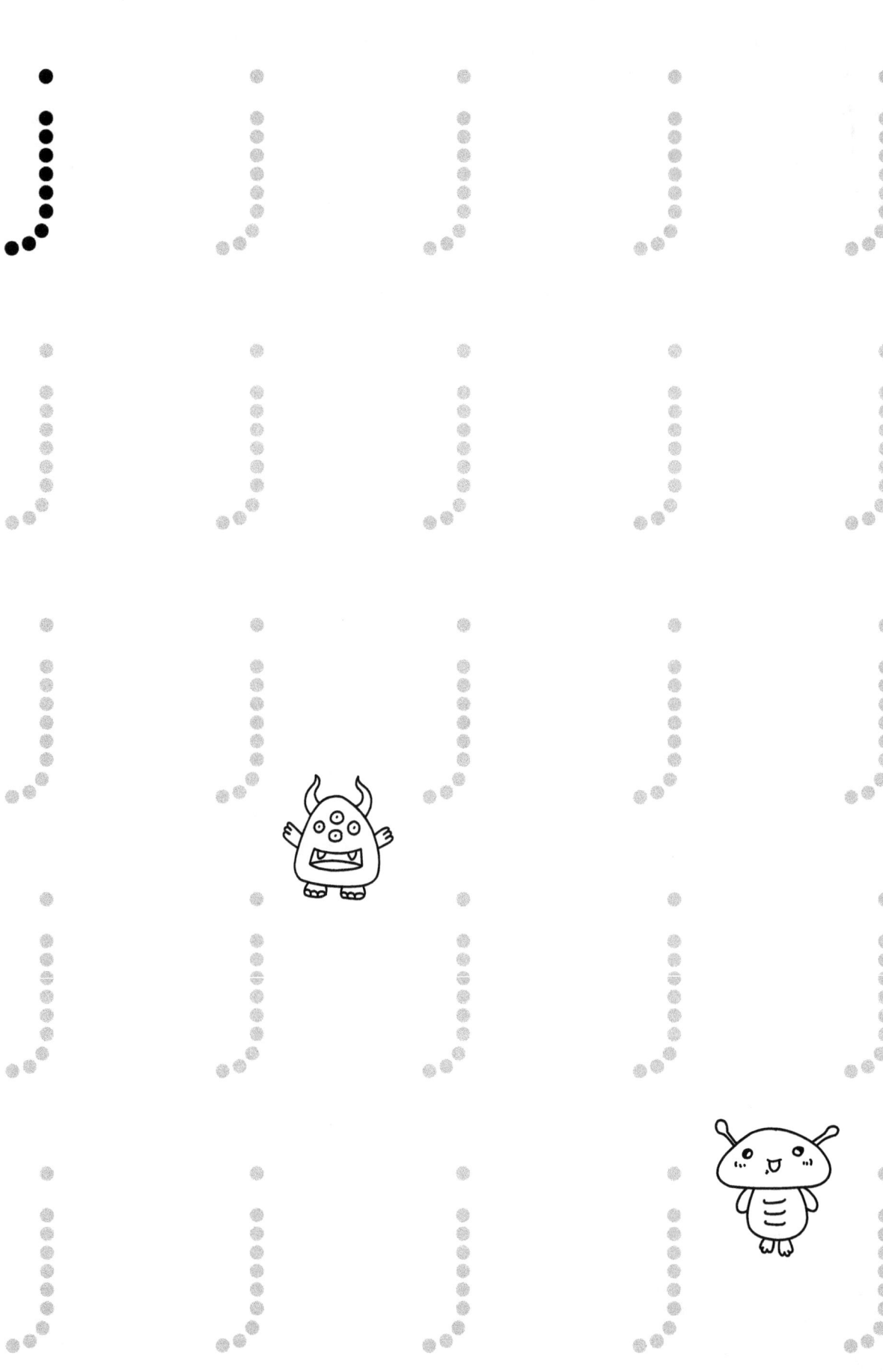

N N N N N
N N N N N

N N N N N
N N N N N
N N N N N

n n n n n

n n n n n

n n n n n

n n n n n

n n n n n

r r r r r r

r r r r r r

r r r r r r

r r r r r r

r r r r r r

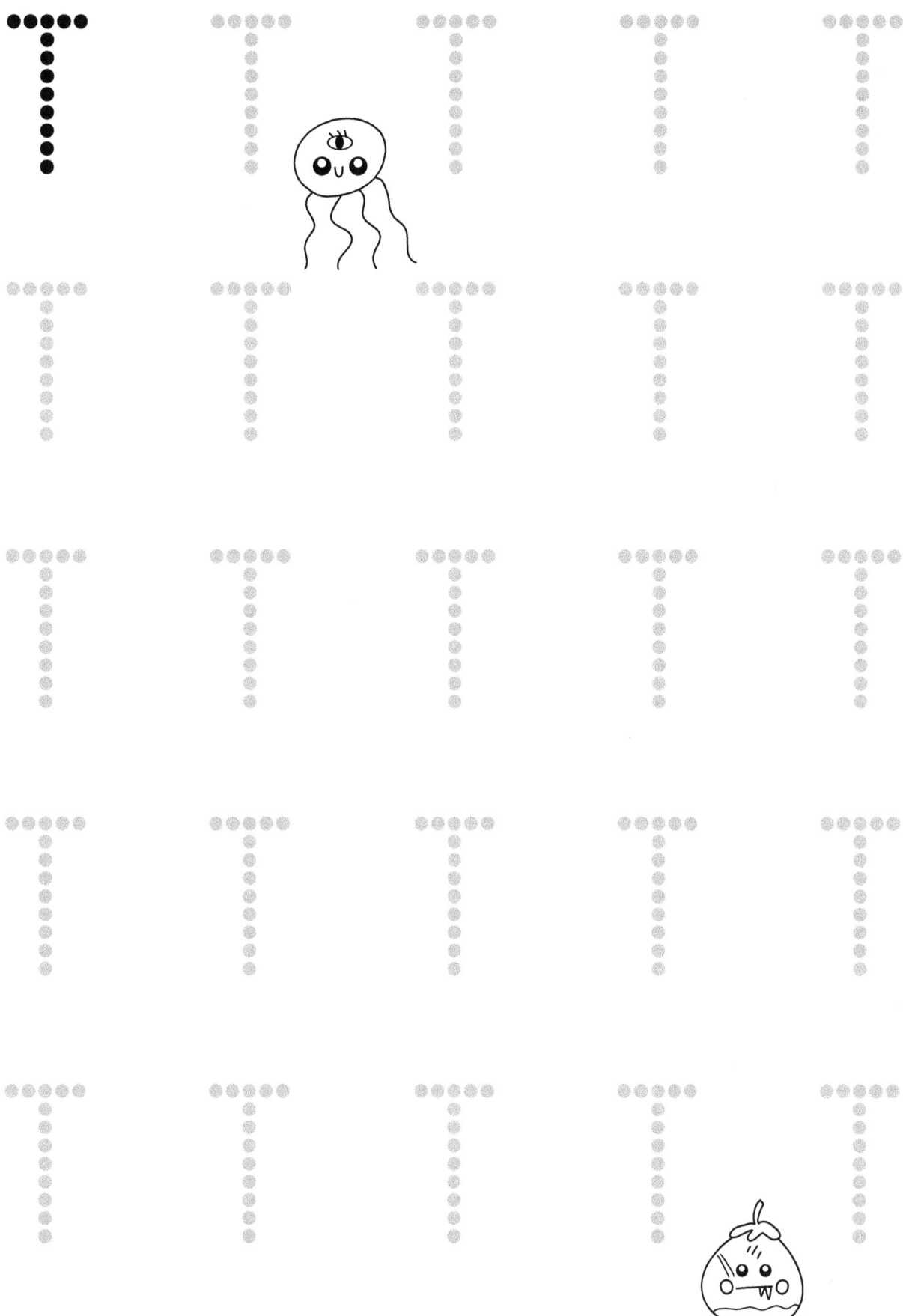

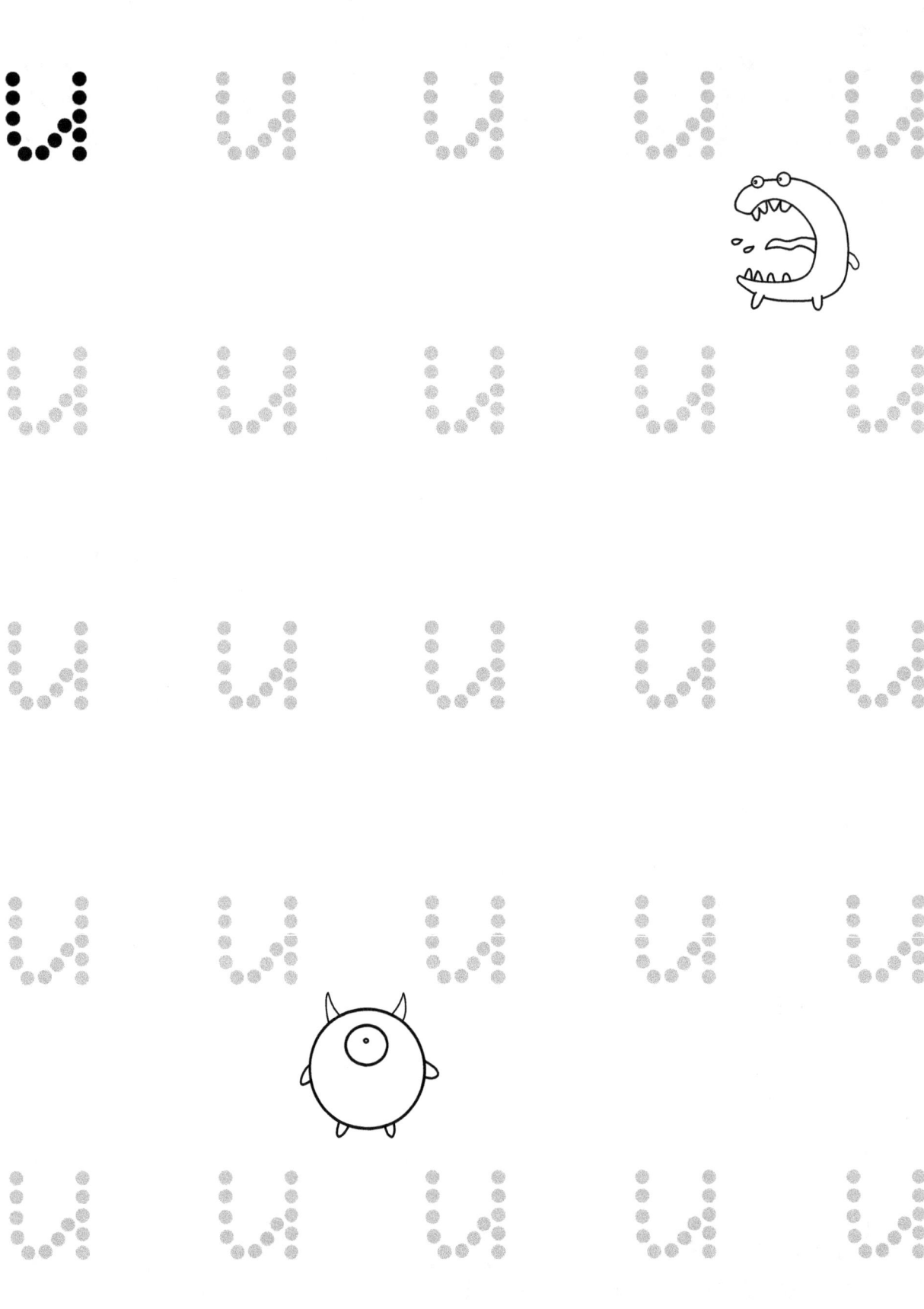

z z z z z

z z z z z

z z z z z

z z z z z

z z z z z

Tracing Numbers

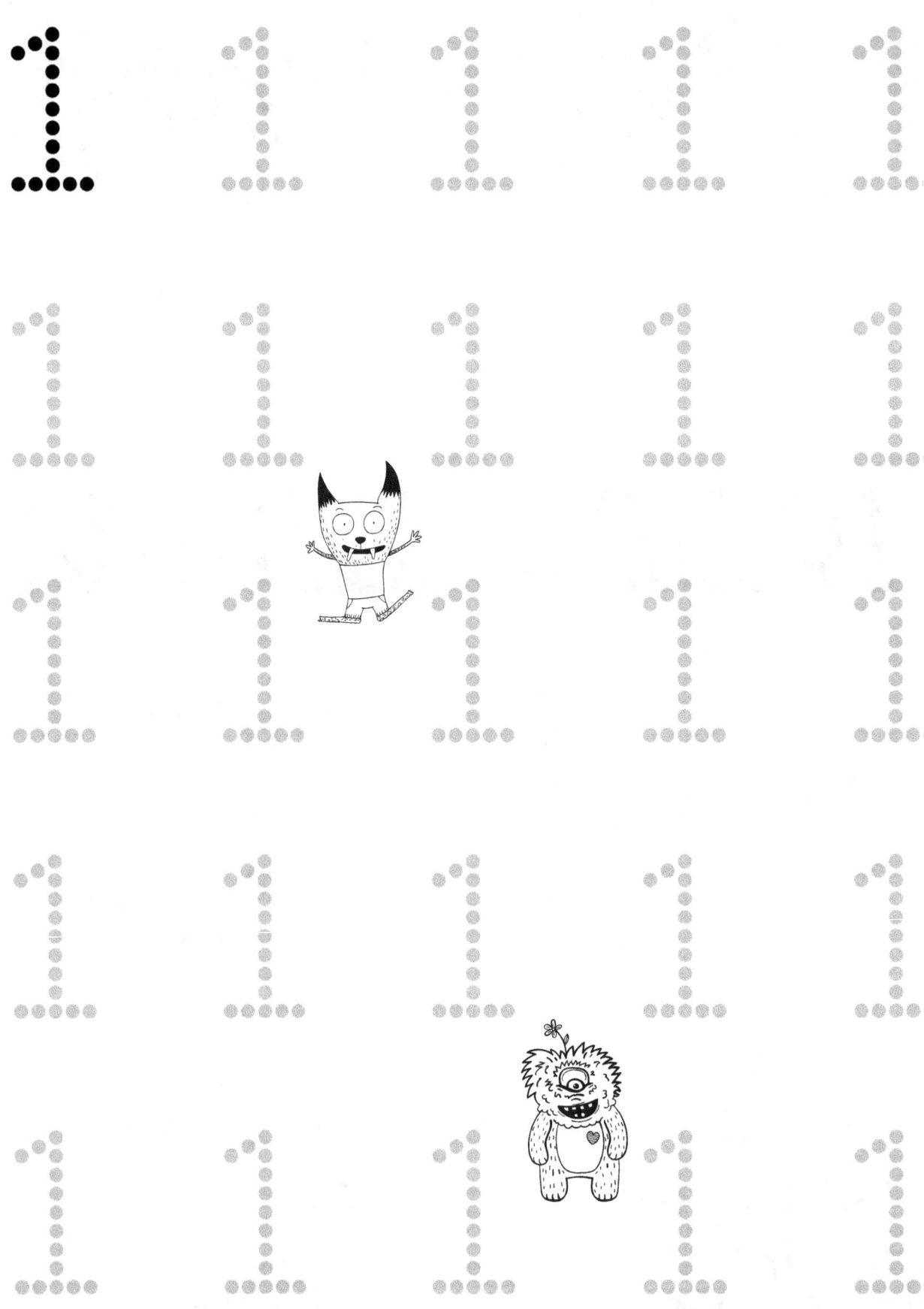

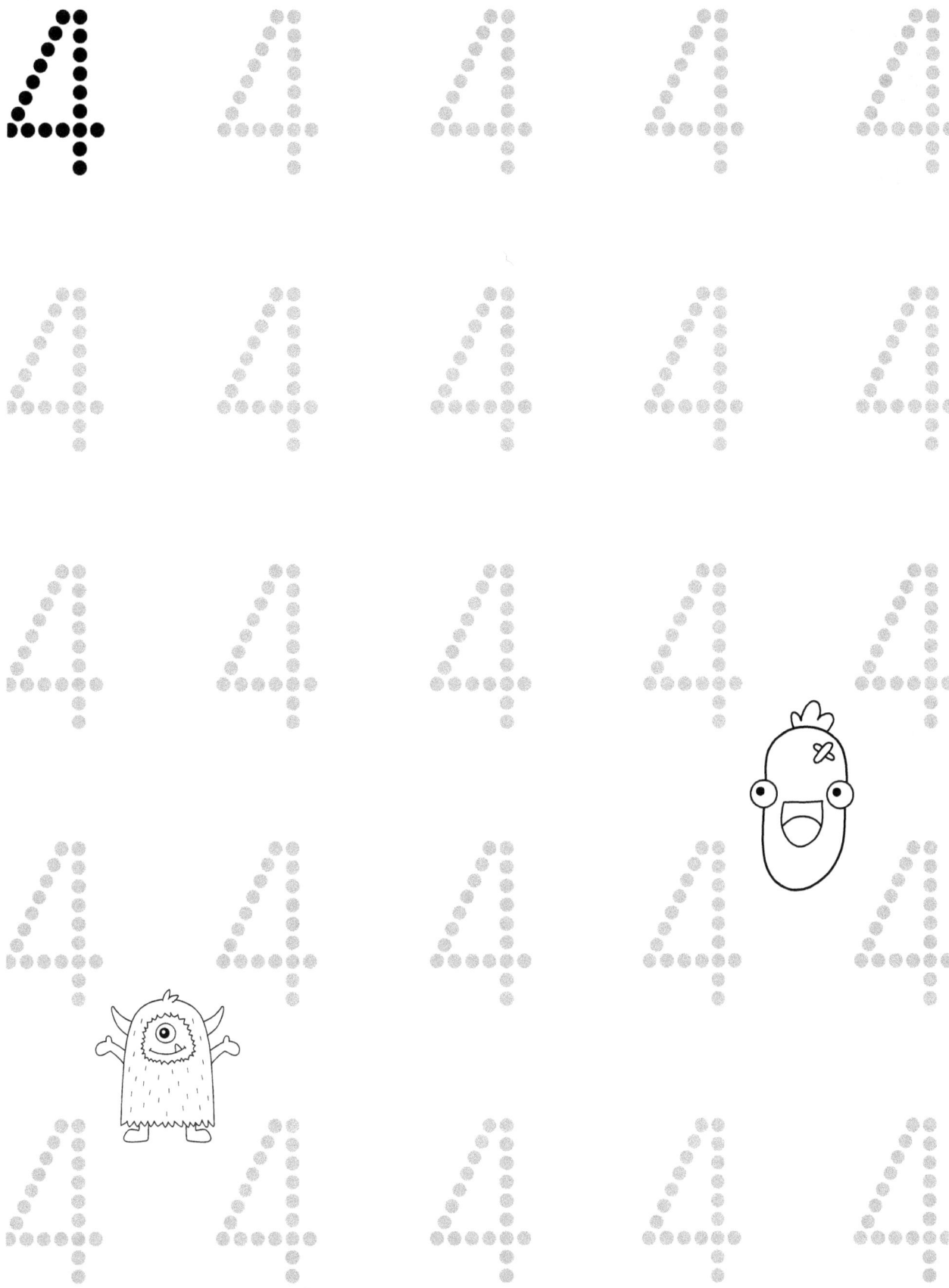